AF250620

# Note sur l'emploi du chloroforme pour le diagnostic des calculs de la vessie.

PAR

**Robert SOREL (du Havre),**

Ancien interne des Hôpitaux de Paris.

## OBSERVATION.

*Calcul vésical. — Cystite intense. — Pierre méconnue par l'exploration directe. — Chloroformisation. — Diagnostic du calcul. — Taille hypogastrique. — Guérison.*

*Antécédents héréditaires.* — Le père de M. P... a toujours été bien portant et est mort à 78 ans d'une attaque d'apoplexie. La mère, obèse, un peu asthmatique est morte à 75 ans de pneumonie. Frère mort à 52 ans de paralysie générale. Pas d'autre frère ni sœur. Pas d'enfants.

*Antécédents personnels.* — M. P... ne se souvient pas avoir jamais été malade. Pas de rhumatisme. Il a eu seulement une bronchite, il y a deux ans. Il est un peu gras ; son état général est bon. Il n'a jamais eu de colique néphrétique. Il aurait eu seulement, il y a 20 ans, quelques douleurs passagères dans les reins et depuis ces douleurs n'ont jamais reparu.

Il y a deux ans, il aurait rendu quelque peu de sable pendant trois mois. A cette époque, il prit du bicarbonate de soude et de l'eau de Vals. Ce fut là tout le traitement qu'il suivit.

Il y a trois ans, il fut sondé pendant trois mois avec des bougies, parcequ'il se plaignait de douleurs et d'un peu de lenteur de la miction.

En avril 91, assez rapidement, il a eu des douleurs en allant en voiture, et à la suite il a uriné du sang.

Depuis il ne peut plus aller en voiture sans éprouver les mêmes symptômes. Ses urines étaient très épaisses et ammoniacales. Aussitôt qu'il marchait, il urinait avec douleur; les mictions devenaient fréquentes.

Depuis un an, il ne pouvait plus du tout aller en voiture. Dans les derniers mois il ne pouvait même plus aller à son bureau, à 30 mètres environ, sans uriner du sang. Alors les mictions revenaient toutes les heures et même dans les derniers 15 jours toutes les demi-heures.

En août 91, le malade aurait pris à Paris plusieurs consultations. Malgré des explorations consciencieuses de la vessie, on diagnostiqua une cystite du col. Deux autres médecins du Havre firent le même diagnostic et prescrivirent le même genre de traitement : santal, tisane de chiendent, lavements calmants, etc., le tout sans résultat. On essaya les instillations dans l'urèthre postérieur sans obtenir d'amélioration.

Appelé dans ces circonstances le 2 mars 1893 en consultation par M. le D<sup>r</sup> de Lignerolles, M. Sorel, au récit de ces vives souffrances, de ces mictions se renouvelant toutes les 20 minutes, dont la douleur se manifestait surtout à la fin de la miction et se prolongeait quelques instants après l'expulsion des dernières gouttes, de ces hématuries qui se présentaient dès le moindre mouvement, pensa à une cystite calculeuse. Mais le malade, ayant gardé le souvenir des souffrances atroces que lui procurait l'exploration intra-vésicale, se refusait à se laisser sonder. Aussi, dans cette première entrevue, M. Sorel ne put constater que le bon état général, l'intégrité des testicules, du cordon, des vésicules séminales et de la prostate.

M. Sorel décida alors de chloroformiser le malade et de faire une exploration complète sous l'anesthésie, pensant : 1º ne pas faire souffrir le malade ; 2º avoir une vessie tolérante lui permettant une exploration méthodique et la découverte probable d'un calcul, que la contractibilité de la vessie lui aurait masqué certainement.

Le dimanche 5 mars, sous le chloroforme, il constata tout d'abord que le canal était libre. La vessie se laissait distendre un peu ; mais, le chloroforme n'étant pas donné à fond, il ne put introduire et maintenir dans la vessie que 120 grammes de liquide au grand maximum.

La sonde en gomme introduite dans la vessie pour faire le lavage donna le frottement caractéristique d'un calcul.

Au début, l'explorateur métallique de Guyon faillit donner de moins bons résultats que la sonde en gomme. Le chloroforme n'étant pas donné à fond, M. Sorel ne sentait que la paroi vésicale se contractant sur l'instrument et ne manœuvra celui-ci qu'avec peine ; au bout de quelque temps lorsque le malade fut mieux endormi, il perçut enfin le frottement pathognomonique.

Il enleva alors l'explorateur pour ne pas prolonger l'examen, la vessie saignant facilement ; il repassa la sonde et fit un lavage au nitrate d'argent.

Le soir, le malade a bien reposé ; mais il a eu des envies très fréquentes d'uriner : les mictions revenaient toutes les 10 ou 15 minutes. Le lendemain matin et soir, il eut des frissons, de la moiteur, et un peu de température. Il prit un gramme de quinine ; le mardi, la température redevint normale. On décida de faire alors la taille hypogastrique.

OPÉRATION. — Le 9 mars, à 5 heures du soir, par M. Sorel, avec l'aide de M. le D<sup>r</sup> de Lignerolles.

Le malade est chloroformisé ; on lui met le ballon de Petersen gonflé de 300 grammes d'eau ; on lui fait des lavages de la vessie à l'eau boriquée et au nitrate d'argent.

On introduit dans la vessie environ 390 grammes d'eau boriquée ; on fait l'incision de la paroi abdominale sur la ligne blanche et on tombe sur une grande épaisseur de graisse. Quand la ligne blanche est incisée, le péritoine se refoule facilement en haut ; on ponctionne la vessie au bistouri, on passe deux fils suspenseurs de chaque côté, opération rendue assez difficile, vu la profondeur à laquelle est située la vessie ; on retira alors le ballon de Petersen.

La pierre est dure et les tenettes glissent sur elle ; elle est presque cubique ; pour la retirer, on est obligé de contusionner les bords de l'incision.

La vessie saigne facilement, mais ne présente pas d'hémorrhagies d'artères de calibre. On lave la vessie et le trajet de l'incision à l'eau phéniquée forte. On place la sonde de de Pezzer n° 20.

On place en haut et en bas un point de suture au catgut traversant toute la paroi vésicale ; et, au milieu, les tubes accolés de Guyon. Suture des muscles de la paroi abdominale au catgut ; 3 sutures profondes au crin de Florence ; 3 crins superficiels dans l'intervalle.

Les tubes et la sonde essayés fonctionnent bien ; il sort de petits caillots de sang.

Pansement à la gaze iodoformée, ouate hydrophile, bandage de corps.

*Suite.* — Au réveil, le malade a eu un peu d'agitation ; mais il se calme bientôt un peu. Injection de 2 centigrammes de morphine.

10 mars. — Pendant la nuit le malade a dormi de 9 heures 1/2 à 5 heures. Après son réveil, il a eu toute la journée environ, toutes les 2 heures, des crises de mictions douloureuses. Le soir on lui donne 0,50 centig. de sulfate de quinine. Température du matin, normale. Lait et grogs. Température du soir, 37°,5. Les tubes fonctionnent toujours bien ; il sort de petits caillots.

11 mars. — Les envies d'uriner apparaissent toutes les deux heures ; la sonde marche bien. Le soir, 1 cent. de morphine. Le tube fonctionnent bien ; il sort encore quelques petits caillots.

12 mars. — Le matin purgation ; quelques nausées.

13 mars. — Les tubes vont bien ; plus de crises aiguës, mais il existe encore quelques envies d'uriner ; les urines sont claires ; pas de caillots.

14 mars. — On change le pansement, on enlève les tubes. La sonde fonctionne bien. On coupe les deux fils profonds aux environs du tube.

15 mars. — Le malade ne dort pas de la nuit, quoique n'ayant pas d'envie d'uriner violente et n'éprouvant plus de souffrances dans la vessie. Comme le pansement est un peu mouillé, on le change ; la sonde fonctionne bien. Le soir, le pansement est encore mouillé.

16 mars. — Le malade ne dort pas la nuit ; il se plaint de mal de tête et n'a pas d'appétit. Il est énervé et s'inquiète du résultat de l'opération. Le pansement est mouillé, mais la sonde fonctionne bien.

17 mars. — Le pansement est très mouillé ; on change la sonde qui est très aplatie ; on met une sonde en gomme n° 16, qui fait souffrir le malade.

19 mars. — Les urines sont très épaisses ; on met une sonde en gomme n° 20.

20 mars, — La sonde fonctionne ; les urines restant très épaisses, on donne dix capsules de santal. Le soir, la sonde fonctionne mal.

24 mars. — La sonde fonctionne ; mais l'urine coule toujours par la plaie.

23 mars. — On met une nouvelle sonde n° 19. Lavage deux fois par jour à l'eau boriquée.

27 mars. — On change le pansement ; les urines sont très chargées de sels ; aucune trace d'urine ne passe par la plaie depuis le 24.

29 mars. — On enlève la sonde, le malade urine bien seul.

30 mars. — Le malade urine toujours très bien sans sonde et ses urines sont moins chargées de sels.

1er avril. — Le matin un peu d'urine sort par la plaie. On replace une sonde. La plaie ne présente plus que deux parties.

13 avril. — Le passage de l'urine n'a duré que quelques heures, et depuis n'a plus eu lieu. La plaie est totalement cicatrisée. La sonde qu'on a laissée à demeure coule toujours bien.

16 avril. — Les jambes sont un peu enflées, on trouve un peu d'albumine dans les urines. On institue le régime lacté.

18 avril. — Le malade reste de nouveau sans sonde pendant la journée ; la plaie est toujours cicatrisée. Les jambes sont toujours enflées. La face est un peu bouffie.

20 avril. — Le malade ne remet pas la sonde pendant la nuit.

26 avril. — Depuis le 20, le malade urine toutes les 3 ou 4 heures le jour. La miction se fait normalement. Il y a un léger trouble au début. La nuit, les urines sont plus abondantes et les mictions un peu plus fréquentes.

On fait faire une analyse complète de l'urine ; on ne trouve ni sucre ni albumine. Le léger trouble est dû aux phosphates et se dissipe avec de l'acide. Cependant les jambes sont toujours enflées le soir. Le malade est resté au régime lacté absolu ; on supprime toute médication.

27 avril. — Le malade reprend le régime ordinaire.

17 mai. — Le malade est remis ; il est bien portant, l'œdème a disparu. Les urines sont toujours chargées de phosphates.

Le malade a été revu le 18 octobre ; il est toujours bien portant ; il ne présente aucun trouble de la miction ; ses urines sont claires.

La pierre trouvée dans la vessie pèse 45 grammes et mesure 5 centimètres 1/2 de longueur, 4 de largeur, 3 cent. 1/2 d'épaisseur.

RÉFLEXIONS. — L'état d'irritabilité de la vessie justifie l'emploi de
la taille de préférence à la lithotritie.

Nous ferons remarquer seulement, au point de vue du manuel opé-
ratoire, qu'on n'a point employé la suture totale de la vessie que nous
préconisions dernièrement (1), à cause de : 1° la contusion des parois ;
2° de l'hémorrhagie et du trouble des urines. On s'en est bien trouvé,
car la sonde a été souvent oblitérée par des dépôts de sels.

Mais nous ne voulons insister dans cette observation que sur les
services rendus par le chloroforme pour le diagnostic du calcul.

En résumé, nous voyons un malade qui a présenté, au début, les
signes fonctionnels d'un calcul ; ensuite une cystite intense s'est dé-
veloppée ; la vessie avait une irritation telle qu'une exploration intra-
vésicale était pour ainsi dire impossible. Elle ne pouvait donner aucun
renseignement sur la présence de la pierre. C'est ce qui explique
l'erreur commise sur la nature de cette cystite, quoique le malade ait
été examiné par un chirurgien distingué de Paris et par deux autres confrères instruits. Au contraire, la chloroformisation a permis un
diagnostic ferme.

Nous nous souvenons avoir commis ou vu commettre pareille
erreur pendant notre année d'internat chez le professeur Guyon à
Necker. Un malade arrive à la clinique, on soupçonne une pierre, et
on ne trouve rien ; on donne néanmoins un billet d'admission, et le
lendemain matin, alors que le malade est resté au repos au lit 24 heures, on trouve avec grande facilité une pierre ; ce qui est dû à l'ac-
calmie et même dans certains cas à la guérison de la cystite calculeuse par le repos. Les malades se présentent soit dans le cabinet des
spécialistes, soit aux cliniques et hôpitaux spéciaux dans les condi-
tions les plus défavorables pour un examen intra-vésical. Ils vien-
nent souvent de loin, ont fait des courses en chemin de fer ou en voi-
tures ; l'attente dans un endroit où il n'est pas facile de satisfaire à un
besoin de la miction et la grande préoccupation sur le résultat de leur
consultation sont autant de causes défavorables.

Dans ces cas, il ne faut pas hésiter et recourir au chloroforme. Nous
n'insisterons pas ni sur les raisons tirées de l'étude de la physiolo-
logie normale et pathologique de la vessie qui justifient son emploi,

_________________

(1) *Contribution à l'étude de la suture totale de la vessie;* par le D<sup>r</sup> Robert Sorel (du Havre).
Thèse de Paris, 1893.

ni sur la marche de la chloroformisation dans ce cas. Nous renvoyons à ce sujet au travail consciencieux du Dᴿ René Mougeat (1), ancien interne des hôpitaux du Havre, où on trouvera clairement exposées toutes les indications.

Nous conclurons avec lui : 1° Dans les cystites calculeuses intenses, les douleurs et les contractions partielles de la vessie peuvent rendre une exploration de cet organe impossible, ou en faussent le résultat.

2° Quelquefois, au bout de plusieurs jours de repos au lit, les symptômes s'amendent et permettent un examen facile et fructueux de la vessie.

3° Mais d'autres fois l'état du malade ne devient pas meilleur. Dans ce cas, pour poser un diagnostic ferme, il est de toute nécessité de faire l'exploration sous le chloroforme. Celui-ci, en effet, calme les douleurs, rend la vessie tolérante à la fois pour le liquide et pour les instruments.

(1) *De la chloroformisation pour le diagnostic de la cystite calculeuse ;* par René Mougeat. Thèse de Paris, 1893.